AF254101

LES MILLE

ET UNE

RÉPUBLIQUES

PAR

ERNEST BOTTARD

Ancien élève de l'école polytechnique.

CHATEAUROUX

TYPOGRAPHIE ET STÉRÉOTYPIE A. NURET ET FILS

—

1876

LES MILLE

ET UNE

RÉPUBLIQUES

PAR

ERNEST BOTTARD

Ancien élève de l'école polytechnique.

CHATEAUROUX

TYPOGRAPHIE ET STÉRÉOTYPIE A. NURET ET FILS

—

1876

CHATEAUROUX. — TYPOGRAPHIE ET STÉRÉOTYPIE A. NURET ET FILS

LES MILLE

ET UNE

RÉPUBLIQUES

Réunissez autant de républicains que vous voudrez, prenez-les, à la rigueur, tous de la même nuance, car vous savez qu'ils ont des couleurs bien différentes, et qui varient depuis le bleu le plus tendre, jusqu'au rouge le plus foncé. Cela fait, ouvrez-leur les portes d'une vaste salle bien chauffée ou bien aérée, suivant la saison, servez-leur un repas excellent, et, comme nous tenons à bien faire les choses, que les vins les plus généreux remplissent les verres, et que la fine et salutaire liqueur du moka achève de donner à nos convives l'aplomb et l'assurance qui conviennent à tout républicain vraiment digne de ce nom. Dès lors, et c'est là le résultat que nous voulions obtenir, aucun d'eux ne craindra d'aborder la tribune et de nous initier aux principes sur lesquels il compte établir la République de ses rêves.

Eh bien ! autant d'individus, autant de Républiques différentes, et pour la plupart, toutes plus absurdes les unes que les autres. Ce que nous avançons, n'est que trop vrai, hélas! et reconnu tel par tout homme de bonne foi. D'ailleurs, le repas que nous venons d'improviser si généreusement, pour mettre les plus humbles et les plus timides soldats du parti à même d'exprimer leurs idées, n'est pas absolument nécessaire. Les chefs et les généraux qui surgissent de tous les côtés, et qui menacent de former à eux seuls une armée tout entière, se chargent de lever tous les doutes.

Entrons dans un club.

Écoutez-les tous bavarder, *balconner*, gasconner à qui mieux mieux, et, chose étrange, plus ils extravaguent, plus ils sont applaudis par ce bon peuple souverain. Allez donc vous embarquer avec de pareils pilotes, le naufrage est certain. Vous croyez peut-être que tous ces gaillards-là ont étudié, qu'ils ont cherché pendant de longues années, la solution des problèmes qu'ils développent et résolvent avec une désinvolture sans pareille. Non, ce sont des républicains, et comme tels, ils ont la science infuse. Règle générale, en effet, l'homme intelligent et instruit est modeste et presque timide, l'ignorant, au contraire, parle haut et ferme, ne doute de rien et ne se laisse jamais arrêter par aucune objection; c'est tout naturel, il ne comprend pas. Pour lui, crier plus fort que son adversaire, c'est avoir raison.

Cependant, nos républicains ne sont pas tous ignorants, ils comptent parmi eux des gens fort habiles; ce sont ceux qui, s'appuyant sur la sottise et les passions de ce bon peuple souverain, cherchent à arriver à de hautes positions ou à reprendre celles qu'ils ont perdues. Leur procédé est simple, facile, à la portée de tous ceux qui, mettant de côté dignité et pudeur, ne songent qu'à satisfaire leur ambition. Si l'ambitieux a déjà un certain renom, il lui suffit de faire quelques avances, et de renier ce qu'il a adoré. Si, au contraire, il commence sa carrière politique, le travail est plus difficile, il lui faut danser sur la corde raide, courir les clubs, débiter les extravagances les plus épouvantables, et se prosterner devant les électeurs. Or, le peuple souverain ignorant, intolérant, despote par excellence, quoique réclamant toutes les libertés, aime la flatterie, et respire avec délices le grossier encens qu'on lui prodigue ; il se laisse facilement toucher par les professions de foi stupides, par l'aplatissement des candidats, et leur accorde ses faveurs.

Cette méthode pour arriver aux honneurs, inventée et adoptée d'abord par les habiles, est maintenant suivie par bon nombre de gens plus que médiocres, mais comme elle est infaillible, ils réussissent également. C'est ce qui fait, pour employer une expression vulgaire, que nos Chambres sont peuplées de gens aussi célèbres que peu connus. Ils n'ont rendu aucun service à l'État ; incapables de s'occuper d'affaires sérieuses, ils ne songent qu'à attaquer et à renverser les ministères. Conduits et dominés par les habiles, ils se laissent guider par eux et obéissent aveuglément.

Voulez-vous que nous vous indiquions comment on procède pour renverser un ministère, et quelquefois même le chef de l'État ?

Eh bien ! regardez ce rocher, ou, si vous aimez mieux cette colline plus ou moins escarpée ; lorsqu'on arrive au sommet, on a le pouvoir ou le panache, comme on dit maintenant très-élégamment. Ce sommet est entouré d'une fortification que l'on appelle ministère, et qui a été si souvent renversée, que nul n'hésite à tenter l'escalade. En avant de tous les assaillants, portant une bannière d'un bleu tendre, sur laquelle est écrit : *République et moi seul Président,* s'élance un petit vieillard aux lunettes d'or, au toupet menaçant. Il a 79 printemps, mais il est encore tout guilleret ; d'ailleurs, il a tant de fois tenté l'assaut, qu'il connaît tous les tours et détours du retranchement. Il fait signe de la main à son plus proche voisin, un gros gaillard, celui-là, qui s'est *bombardé,* en 1870, dictateur par la grâce de Dieu. Ce dernier a moins d'habitude, et malgré son jeune âge relatif, il monte péniblement. Il traîne avec lui un appareil caudal d'une longueur démesurée dont il prend un soin infini, et qu'il a juré de ne jamais couper. Cette queue fait un bruit infernal, il a toutes les peines du monde à la contenir. Le pauvre homme est en outre embarrassé par la bannière qu'il porte ; le mot de République y est inscrit en toutes lettres, mais elle a toutes les nuances du caméléon, et l'on n'a jamais pu savoir quelle était sa couleur véritable. Ses amis ou ennemis disent qu'elle est du rouge écarlate le plus flamboyant. Enfin, après mille efforts, encouragé et guidé par le petit vieillard, il arrive avec ce dernier, au pied du retranchement qu'il s'agit d'emporter.

Les deux alliés se regardent d'abord avec quelque défiance. Bah ! dit enfin le petit homme, nous avons toujours le temps de nous disputer et de nous tuer, il s'agit avant tout d'entrer dans la place ; soyons donc amis, c'est moi qui t'en convie.

Soit, reprend l'ex-dictateur, et ils se jettent dans les

bras l'un de l'autre, aux grands applaudissements de tous leurs partisans attendris. On fait le tour du retranchement pour chercher le point faible, comme cela se pratique dans toute attaque bien conduite.

L'opération terminée :

— Eh bien ! cher collègue, dit le plus âgé au plus jeune, qu'en pensez-vous ?

— L'assaut n'est pas possible.

— J'attendais mieux de vous, jeune homme, le mot impossible n'existe pas pour un parlementaire.

— Que faire ?

— Attaquer sans hésiter.

— Tâchons d'avoir au moins des intelligences dans la place.

— Eh ! c'est là précisément ce qu'il faut obtenir.

— Comment ?

— Parbleu, en pratiquant cette belle et noble maxime qui fut inventée par les jésuites ou par les parlementaires : diviser pour régner. Attaquons donc le chef et accablons de louanges les soldats.

— Très-bien, mais ce chef que vous voulez renverser est précisément celui que nos journaux et les vôtres ont comblé d'éloges, et forcé, pour ainsi dire, d'accepter le poste qu'il occupe.

— Bah ! il y a de cela quelques mois, c'est-à-dire un siècle, et tout bon parlementaire doit savoir changer d'opinion à propos. Tenez, moi qui vous parle, quand j'étais au pouvoir, je réclamais comme indispensable, la nomination des maires par le gouvernement, et le vote par arrondissement ; aujourd'hui, je n'en veux plus.

— Le fait est que vous savez exécuter les volte-faces

avec un sans gêne merveilleux. Après tout, l'habitude....

Notre petit vieillard, après avoir lancé un coup d'œil mécontent à son collègue, convoqua le conseil de guerre en sa qualité de plus ancien et de président. Comme il était grincheux et ne pouvait supporter la moindre objection, sa patience fut mise bien souvent à l'épreuve, car plusieurs membres du conseil étaient aussi bavards que lui, et les empêcher de parler et d'ergoter était impossible. Bref, après de longs discours, car chacun tenait à placer le morceau d'éloquence qu'il avait préparé, on se demanda quel moyen il fallait employer pour renverser le chef détesté : on était embarrassé.

— Eh mon Dieu ! dit le vieillard, le moyen est bien simple, disons que notre ennemi est clérical et bonapartiste.

— Mais c'est le procédé de don Basile ! s'écria l'un des membres mécontents, en se dissimulant dans l'ombre.

Les yeux du Président lancèrent des éclairs, mais il ne put découvrir le coupable.

D'ailleurs, ajouta avec majesté l'ex-dictateur, il ne peut être à la fois l'un et l'autre.

— Ah ! vous m'agacez, à la fin, avec vos objections. Comment, vous, le dictateur du 4 septembre, vous croyez que les gens ne sont pas assez naïfs pour ajouter une foi entière et complète à tout ce que nos journaux affirmeront. Vous venez de me dire, il y a un instant, que je changeais d'opinions comme de chemises, pour employer une expression démocratique, je puis bien, à mon tour, vous dire quelques vérités. Vous êtes considéré comme chef de parti et comme un homme sérieux, n'est-ce pas ?

— Je le pense.

— Eh bien ! qu'avez-vous fait pour cela ? Vous avez prononcé beaucoup de discours, c'est vrai, mais voyons les actes : Dictateur en 1870, vous avez chaussé nos malheureux soldats de souliers de carton, vous leur avez donné des vêtements qui se déchiraient au premier mouvement, vous avez laissé sans armes et dans la boue toute l'armée du camp de Conlie, vous avez supprimé toutes les libertés, vous avez....

— Morbleu ! si vous continuez, je pourrais à mon tour....

— Eh mon Dieu ! je n'ai nullement l'intention de vous offenser, je veux seulement vous faire comprendre qu'après avoir fait preuve de l'ignorance, de l'incapacité, et de la tyrannie la plus complète, vous n'en êtes pas moins resté le représentant illustre de la liberté et de l'intelligence. Cela étant, vous voyez que l'opinion publique est toujours du côté opposé à la vérité, ne nous en occupons donc pas, et sans plus tarder, commençons les opérations ; mais, de grâce, maintenez votre appendice caudal, il fait des sauts et des soubresauts fort compromettants.

— C'est plus facile à dire qu'à faire.

— On s'en sépare, alors.

— M'en séparer ! jamais.

— Après tout, Samson tenait à sa chevelure, vous, vous tenez à votre appendice, c'est tout naturel, mais surveillez-le.

Cela dit, nos deux chefs, après avoir adressé à leurs partisans l'allocution d'usage, entamèrent immédiatement les hostilités. Tout fut mis en œuvre : promesses, menaces, finasseries parlémentaires, et, ma foi ! tout marchait à souhait, les assiégés manifestaient déjà quelques inquiétudes, et il était devenu évident pour tout le monde, que l'ennemi qu'il s'agissait d'abattre était bien réellement clérical et bonapartiste. La victoire penchait donc du côté des assaillants, quand tout à coup un cri épouvantable retentit dans les airs. Une partie de la queue de l'ex-dictateur venait de se séparer de lui, et roulait, avec un bruit effroyable, jusqu'au bas de la colline, entraînant avec elle bon nombre d'assaillants.

Le pauvre mutilé, qui venait de perdre une partie de cet appendice auquel il tenait tant, s'arrachait les cheveux. Le petit vieillard, abandonnant ses plus belles combinaisons parlementaires, était accouru sur les lieux et considérait, d'un œil morne et désespéré, ce qui se passait dans la plaine. Le spectacle était en effet curieux et étrange. L'appendice caudal, après avoir atteint le bas de la colline, s'était divisé en une multitude d'anneaux qui frétillaient à qui mieux mieux. Bientôt on vit ces anneaux grandir, se transformer, prendre tête et corps, et devenir des hommes plus ou moins laids, portant des bannières toutes plus rouges les unes que les autres. Chacun de ces chefs poussait le cri de guerre inscrit sur son drapeau et ralliait ses partisans.

C'était un charivari infernal ; du milieu de ce tumulte sortaient cependant de temps en temps des cris plus distincts :

Amnistie complète pour les communards !
Affranchissement des communes !
Séparation de l'Église et de l'État !

Magistrature élective !

Impôt progressif !

Vive la sociale !

Droit au travail ! etc., etc.

Enfin, toutes les colonnes, formées en rangs plus ou moins serrés, s'éloignèrent, sous la conduite de leurs chefs, de différents côtés. Les mille et une Républiques venaient de naître.

Les deux généraux reportant leurs regards autour d'eux et voyant le peu de soldats qui leur étaient restés fidèles, comprirent que pour le moment la partie engagée était complétement perdue. Aussi, le plus âgé, en passant près du plus jeune qui se lamentait toujours, lui dit d'un air méphistophélique et en lui frappant sur l'épaule : « Console-toi, fais comme moi », nous resouderons tous ces anneaux les uns aux autres.

— Et avec quoi, mon Dieu !

— Avec l'onguent parlementaire et l'intérêt personnel ; il faut attendre les élections.

Au diable son onguent ! murmura un soldat à barbe blanche, voilà plus de 50 ans qu'il en use et abuse, et il n'est arrivé qu'à faire des maladresses et à tout embrouiller. Quant à sa soudure, elle ne résistera pas au plus petit coup de feu, il y aura à chaque instant débâcle sur débâcle, et nous ne serons jamais tranquilles. Ma foi ! j'en ai assez, je donne ma démission. Nos généraux me font l'effet de faire tout l'inverse de ce qu'il faudrait faire, et de se créer des difficultés pour avoir le plaisir de ne pas les résoudre.

Avait-il tort, ce vieux routier parlementaire ? Non certes, examinons la question sérieusement :

Un gouvernement composé d'un Président élu tous les 4 ou 5 ans, d'une Chambre haute, d'une Chambre basse, toutes les deux renouvelables, et d'un ministère responsable, est-il une République ? — Assurément.

Si maintenant tous les membres qui composent ce gouvernement ou cette République, sont nommés par le suffrage universel, c'est-à-dire par tous les citoyens de France et de Navarre, cette République est-elle démocratique et s'appuie-t-elle sur les bases les plus larges que l'on puisse imaginer ? Il ne peut y avoir aucun doute à cet égard.

Les théories sociales et les élucubrations malsaines que l'on veut nous imposer, n'ont rien à faire avec une telle forme de gouvernement. Or, ce gouvernement, nous le possédons ; comment se fait-il donc que la plupart de nos républicains ne soient pas satisfaits ? C'est que ces gens-là n'ont de républicain que le nom, ils en sont tout l'opposé. La populace ne voit dans la République, qu'un moyen de satisfaire ses instincts grossiers et sanguinaires, les déclassés qu'une plus grande facilité de sortir de leur obscurité à l'aide des bouleversements continuels, la bourgeoisie, représentée par le centre gauche, qu'une occasion favorable pour accaparer les places et les honneurs.

De ces passions diverses sont nées les mille Républiques dont nous avons parlé.

Si le gouvernement est abandonné aux républicains actuels, on roulera d'une République absurde dans une autre encore plus absurde, par cela même que les masses ignorantes tiennent avec le suffrage universel le pouvoir dans leurs mains. Quand le gâchis sera arrivé à sa limite extrême, une violente réaction se fera, et la République sera balayée, sinon pour toujours, du moins pour longtemps. C'est pourquoi, nous qui voulons sincèrement cette forme de gouvernement, nous-désirons que le pouvoir soit confié aux conservateurs monarchistes et à des ministres fermes et résolus.

Mais c'est illogique, c'est absurde, nous dira-t-on ! Hélas non ! messieurs les républicains, et nous allons vous le prouver. S'il est un fait bien constaté, c'est qu'il est impossible aux monarchistes de s'entendre ; si l'un des trois partis légitimiste, orléaniste et bonapartiste essaie de l'emporter, il trouvera devant lui les deux autres partis et les républicains, et sera ainsi forcément arrêté dans sa marche. La République est donc, pour un temps plus ou moins long, seule possible en France. Dire que le centre gauche et M. Thiers ont fondé la République, est tout simplement une niaiserie : ce gouvernement a été imposé par les circonstances, elles seules le maintiennent. Les maladresses du centre gauche et du Président l'ont fortement compromis ; toutefois, il ne peut disparaître que lorsque les folies radicales auront forcé les électeurs monarchistes et même républicains à s'entendre entre eux et à donner le pouvoir à l'un des prétendants. Nous marchons malheureusement avec rapidité vers cette dernière solution, et c'est encore la faute des membres du centre gauche. Poussés d'un côté par leur amour effréné des places et des honneurs, et d'un autre par M. Thiers, qui veut reprendre le pouvoir qui lui est échappé, ils donnent la main aux radicaux de la pire espèce, votent avec eux et agissent comme eux. Voter, disent-ils, pour un monarchiste, c'est voter pour un ennemi ; voter, au contraire, pour un radical, c'est presque voter pour un ami.

Quelle erreur, mon Dieu ! le monarchiste défend l'ordre, la propriété, la famille, et ne peut rien contre la République ; le radical, au contraire, attaque ces bases sacrées de la société, et renversera cette République.

Vous niez le péril social qui existe bien réellement et qui grandit de jour en jour, et cependant, vous le sentez instinctivement, vous en avez peur, malgré vos déclarations contraires qui font encore illusion au bourgeois naïf et indolent. Grâce à vos finasseries parlementaires, vous avez mis le pays dans une situation aussi fausse que critique : les radicaux sont en grande majorité dans la Chambre nouvelle ; ils ne tarderont pas à formuler leurs prétentions, à vous montrer qu'ils sont les maîtres, et que vous n'avez toujours été pour eux, et que vous n'êtes encore que des chevaux de renfort. Cela est évident, vous en avez même conscience, et cependant, au lieu de vous unir aux conservateurs et de faire tête à l'orage, vous aimez mieux faire comme l'autruche qui, traquée par les chasseurs, se cache la tête derrière une pierre, très-persuadée qu'elle est devenue invisible au moment même où elle va recevoir le coup mortel.

Qu'avez-vous fait, d'ailleurs, pour vous féliciter avec tant de majesté des travaux que vous avez accomplis, d'accord avec l'Assemblée constituante ?

Rien de bon, rien de stable, rien de définitif.

Vous avez proclamé la République à une voix de majorité : cette République existait et n'avait pas besoin de cette voix de majorité pour subsister. De plus, comme il y a une clause de révision, vous n'avez fait, somme toute, que substituer le provisoire au provisoire. C'était vraiment bien la peine de se donner tant de mal, et de perdre inutilement tant de séances précieuses pour arriver à un pareil résultat !

Le Sénat a été constitué, mais il aurait pu l'être tout aussi bien sans cette fameuse proclamation, aussi puérile que maladroite, car elle fera endosser par la République, toutes les fautes qui vont se commettre. Quant à la manière de procéder pour nommer les sénateurs, rien n'est plus compliqué et plus illogique, on sent que nos parlementaires au petit pied ont travaillé à la confection de ce chef-d'œuvre. N'est-il pas, en effet, étrange et dangereux d'avoir transformé les conseils généraux, municipaux et d'arrondissement, qui ne devraient s'occuper que des affaires du département, en petites assemblées politiques. Qu'adviendra-t-il ? c'est qu'au lieu de penser aux routes, aux chemins vicinaux, aux rues, aux constructions d'utilité publique, on parlera politique, et l'on se divisera, comme cela a lieu du reste déjà, en droite, centre gauche, gauche, etc., sans compter les groupes. Les travaux seront adjugés non pas au plus habile, mais à celui dont les idées politiques seront conformes à celles du Conseil. On ne choisira plus pour conseillers municipaux les administrateurs les plus intègres et les plus capables; on prendra des hommes représentant la couleur d'un parti sans s'occuper du reste. Nous connaissons une petite ville, fort gentille, ma foi, entourée de prairies verdoyantes, dominée par un ancien château, jadis le siége d'une puissance féodale de premier ordre, eh bien ! la nomination du conseil municipal a donné lieu à un spectacle curieux, nous pourrions en faire le sujet d'une épopée héroï-comique, mais, pour ne pas sortir du cadre que nous nous sommes tracé, nous remettrons cela à une autre fois. Toujours est-il que pendant que messieurs les membres du conseil s'occupent de politique, l'administration, l'alignement des rues sont complétement négligés. En un mot, cette ville, qui, par sa position, aurait pu devenir une des plus jolies de France, laissera toujours beaucoup à désirer, parce qu'au lieu de chercher de bons administrateurs et des gens capables, on veut absolument nommer des hommes ayant certaines idées politiques. C'est là un grand malheur, malheur qui menace de s'étendre, si cela n'est déjà fait, sur toutes les villes de notre pauvre France.

Outre cela, on se demande avec étonnement pourquoi les sénateurs nommés par la Chambre sont inamovibles, tandis que les autres sont remplacés tous les quatre ans. C'est une anomalie qu'il est bien difficile d'expliquer. De plus, puisqu'il est admis par les radicaux que l'opinion du pays peut varier tous les ans, et même tous les mois, les premiers sénateurs n'auront pas la même autorité que les seconds, ces derniers pourront, non sans raison, dire à leurs collègues que leurs idées ne sont plus d'accord avec l'opinion publique.

Il était si simple de nommer tous les sénateurs par le suffrage direct et universel. Pour donner une garantie aux idées conservatrices, il suffisait de supprimer les appointements, car le radical a horreur des places non payées, témoins certains conseils municipaux du Midi qui s'étaient alloués des émoluments avec un aplomb sans pareil. La loi s'y oppose, mais qu'importe, tout n'est-il pas permis à un bon radical? Enfin, il y aura certainement des mauvaises langues qui ne manqueront pas de crier par dessus les toits, que messieurs les députés ont montré peu de générosité, pour ne pas dire plus, en gardant pour eux seuls tout le gâteau. Il était si naturel d'en laisser tomber quelques miettes ; en donnant quelques-unes de ces grasses sinécures aux hommes qui se sont illustrés dans les armes, la magistrature, les sciences, les beaux-arts, etc., on aurait fait preuve à la fois, de bon goût et d'équité. Ces illustrations auraient donné une certaine autorité au Sénat, et, dans tous les cas, auraient remplacé avantageusement un grand nombre d'élus peu célèbres, peu connus, et qui, jusqu'à présent, n'ont eu d'autre mérite que celui d'appartenir à tel ou tel groupe influent.

La loi sur l'enseignement supérieur est loin d'être parfaite.

Que l'on accorde une liberté complète pour enseigner, rien de mieux, mais que l'État, qui représente l'intérêt de tous, se réserve la collation des grades. C'est indispensable si l'on veut empêcher les abus et être sûrs que les diplômes seront remis à des hommes capables et instruits. Donner, par exemple, un diplôme de docteur en médecine, c'est donner au titulaire le droit de vie et de mort sur tous les malades qui tombent entre ses mains.

En pareil cas, peut-on prendre trop de précautions ? — Évidemment non.

La loi sur l'armée, la plus importante de toutes, doit être, d'après l'opinion générale, modifiée profondément. Le volontariat d'un an donne de mauvais résultats ; d'ailleurs, quel que soit le point de vue sous lequel on l'envisage, c'est un privilége dont profitent seules les classes aisées, et dont l'État ne retire aucun avantage.

En faisant servir le soldat pendant cinq ans, comme l'a voulu M. Thiers avec son entêtement ordinaire, on est obligé de diviser l'armée active en deux parties, faute d'argent, l'armée active proprement dite, et la réserve. Cette réserve ne peut recevoir, avec l'organisation actuelle, une instruction suffisante, ce qui est un vice radical.

On peut facilement faire disparaître toutes ces difficultés en ne laissant que pendant trois ans les jeunes soldats sous les drapeaux.

Il est hors de doute que deux ans, et *a fortiori* trois ans, sont plus que suffisants pour apprendre au conscrit servant soit dans l'infanterie, soit même dans les armes spéciales, tout ce qu'il doit savoir. Il n'aura pas, il est vrai, cette discipline, cette fermeté, cet esprit militaire, qui caractérisent le vieux soldat et qui ne s'acquièrent qu'avec les années. Toutefois, s'il est bien commandé et surtout bien encadré, il marchera contre l'ennemi avec autant d'entrain que les plus vieux grognards.

Les bons cadres sont donc la cheville ouvrière de la nouvelle organisation, et c'est là précisément ce qu'on ne paraît pas assez comprendre.

Pour arriver à obtenir ces bons cadres, rien de plus facile :

Donnez aux sous-officiers une position très-avantageuse; accordez-leur par exemple, au bout de douze années de service actif, une retraite de 600, 800, 1000 fr. s'il le faut, et faites-les passer dans la réserve. Mais où prendra-t-on l'argent nécessaire, nous dira-t-on. On le trouvera en adoptant les modifications suivantes :

1° Supprimer le volontariat d'un an.

2° Faire servir sous les drapeaux tout le monde *sans aucune exception,* hors le cas d'infirmités, ce qui donne, à 160,000 conscrits par année, une armée active de 480,000 hommes, à peu près l'armée actuelle.

3° Accorder à tous ceux qui ont l'instruction suffisante et qui se sont toujours bien conduit, la faculté de passer dans la réserve au bout de deux ans. C'est un privilége, mais ce privilége sera payé par une somme de 1,000 à 1,500 fr. que chaque individu devra verser dans les caisses de l'État.

4° Constituer avec l'argent ainsi obtenu, ($20,000 \times 1000$, c'est-à-dire 20 millions chaque année, s'il y a 20,000 soldats profitant de la faculté accordée), une caisse de retraite pour les sous-officiers, caisse qui, au bout de quelques années, pourra disposer de sommes tellement considérables, qu'il sera possible d'y prendre encore l'argent nécessaire pour faire manœuvrer sérieusement la réserve et l'armée territoriale.

5° Ne faire partir les jeunes gens appelés sous les drapeaux qu'à l'âge de 23 ans au lieu de 21. De cette manière, tous ceux qui se destinent aux carrières libérales ne verront pas leurs études interrompues, et pourront, s'ils le veulent, obtenir avant leur départ, les diplômes d'ingénieur, d'avocat et même de docteur en médecine. D'ailleurs l'État aura ainsi des soldats plus forts, plus vigoureux, et de plus, des médecins, des vétérinaires, des ingénieurs dont il pourra disposer pour certains emplois spéciaux.

Nous ne nous étendrons pas davantage sur cette question que nous avons traitée avec plus de développement dans un autre endroit et qui sort un peu du sujet actuel.

D'après ce court résumé que nous venons de faire des principales lois enfantées par l'Assemblée défunte, on voit que le centre gauche, qui se vante de les avoir mises en avant et fait adopter, pourrait être un peu plus modeste, et ne pas s'adresser de félicitations aussi chaleureuses.

Malgré le nombre très-restreint des membres qui le composent, le voilà actuellement parti en guerre, la chasse des portefeuilles est déjà commencée; avec sa modération habituelle, il les réclame tous, et les gauches sont décidées à l'appuyer, à la condition toutefois, qu'il les aidera à renverser le seul obstacle qui arrête encore la tempête, c'est-à-dire le maréchal Président. Le pacte est conclu, ou s'il ne l'est pas encore, il le sera demain. N'est-on pas en droit, dès lors, de crier à ces bourgeois ambitieux et aveugles : « Vous avez en ce moment un Président ferme et résolu, la duplicité et les finasseries parlementaires dans lesquelles vous pataugez depuis si longtemps, vous empêchent de comprendre cette grande et loyale nature. Ne le voyant pas discuter, intervenir à tout propos, se démener, en un mot, comme un diable dans un bénitier, ainsi que le faisait son prédécesseur, vous en avez conclu qu'il n'avait pas les qualités nécessaires au chef de l'État. » Eh bien ! vous vous êtes trompés étrangement, et c'est le cas de vous dire que vous avez des yeux pour ne pas voir, et des oreilles pour ne pas entendre.

Parler peu et à propos, se tenir en dehors des partis,

se constituer le gardien énergique de l'ordre et de la tranquillité, unir la loyauté à la fermeté, ne se laisser guider que par l'intérêt du pays, et rejeter toutes les voies tortueuses par lesquelles on arrive à quelques succès éphémères, telles sont les qualités essentielles de l'homme politique moderne. Les procédés indiqués par *Machiavel* et pratiqués avec succès par Louis XI et Richelieu, sont d'abord immoraux et ne sont même plus possibles avec la presse et les chemins de fer. La loyauté, l'honnêteté, qui sont loin d'exclure l'habileté, sont encore, selon nous, les meilleurs moyens d'arriver au but que l'on veut atteindre. En suivant cette politique, le maréchal a obtenu l'estime générale, et la nation a confiance en lui. C'est grâce à lui que le pays voit avec une assez grande indifférence les ministères succéder continuellement aux ministères, les débats inutiles, les querelles sans fin, qui prennent aux Chambres leurs moments les plus précieux et leur font négliger les affaires sérieuses, car il sent derrière tout cela un homme désintéressé qui a le pouvoir et la volonté de maintenir l'ordre et la tranquillité !

Voyez au contraire où est arrivé M. Thiers avec son système de bascule et de ruse ; il est entraîné par le courant radical, dans son aveuglement sénile, il croit en diriger les flots, tandis que lui et tout son parti sont emportés par eux et sur le point d'être submergés. Que dire d'un homme qui réclame, quand il est au pouvoir, comme indispensables, certaines mesures, et qui vote contre elles lorsque ce pouvoir lui est échappé.

Quand on a eu l'honneur d'être le chef d'une grande nation comme la France, et qu'on aspire à le redevenir, il faut, avant tout, savoir conserver sa dignité et avoir le respect de soi-même.

Sans doute, il existe encore quelques bons bourgeois qui s'obstinent à voir en lui un homme d'État de premier ordre, et même un grand général qui a vaincu la Commune ; sans doute les gauches vont travailler pour lui, car elles en ont besoin, mais le temps n'est pas éloigné où, repoussé par les conservateurs de tous les partis, il deviendra, si toutefois Dieu lui prête vie, le jouet des radicaux, dont il n'est encore que l'instrument.

Les élections viennent de donner la majorité à la gauche et à l'extrême gauche, il faut donc se résigner à les voir attaquer, non plus les ministères, mais le maréchal lui-même. Elles vont chercher, par mille tracasseries, à lui faire donner sa démission pour ramener au pouvoir son prédécesseur, quitte à se débarrasser de ce dernier le plus tôt possible.

Nous allons d'abord voir se produire une demande d'amnistie complète pour les communards. Il faut vivre dans un temps troublé comme le nôtre, où toutes notions du juste et de l'injuste ont disparu, pour entendre faire à une tribune française une pareille proposition. On excuse, on plaint ces gredins ; certains députés correspondent avec eux, d'autres ne craignent pas d'afficher une sympathie criminelle pour ces martyrs, comme ils les appellent. Agir ainsi est un crime. Quelle pitié, en effet, méritent des gens qui, en face du Prussien vainqueur, prennent les armes pour achever la ruine de leur malheureuse patrie ? On fusille un pauvre soldat qui abandonne son poste devant l'ennemi, et l'on réclame la grâce de ces misérables mille fois plus coupables. Pour oser, devant le pays indigné, et tout frémissant encore des exploits de leurs chers communards, demander une amnistie complète, il faut que nos radicaux aient perdu toute pudeur et tout sentiment patriotique. Que l'on gracie ceux qui marquent quelque repentir et qui se font remarquer par leur bonne conduite, nous le voulons bien, malgré le crime épouvantable qu'ils ont commis; mais aller au-delà serait de la démence. Si, pour le plus grand malheur de la France, cette amnistie vient à être accordée, vous les verrez rentrer, tous ces braves citoyens de la Nouvelle-Calédonie, l'air fier, arrogant, et la menace à la bouche. On aura bientôt renouvelé connaissance avec les frères et amis restés à Paris, et il y en a bon nombre, et l'on préparera tout doucement une nouvelle commune qui éclatera à la première occasion favorable.

Nous allons voir, du reste, travailler sur cette question, nos parlementaires du centre gauche. On n'osera pas accorder une amnistie complète, mais on proposera une nouvelle commission des grâces ou toute autre chose du même genre, qui donnera identiquement le même résultat sans effrayer nos braves bourgeois.

Cette question d'amnistie n'est rien encore auprès de cette autre proposition qui se produira un peu plus tard et qui fait aussi partie du programme radical. Nous voulons parler du retour du Gouvernement à Paris. Les radicaux demanderont ce retour avec acharnement, car ils seront dès lors chez eux, et s'appuyant sur le Conseil municipal, tout disposé à sortir de ses attributions, ils deviendront forcément les maîtres. Aucune armée, quelque nombreuse qu'elle soit, ne sera capable, avec les institutions actuelles, d'arrêter les mouvements révolutionnaires. D'ailleurs, les frères et amis se chargeront de gagner les soldats à leur noble cause et pourront peut-être même trouver quelques chefs ambitieux disposés à les seconder. Que le gouvernement y songe, c'est pour lui une question de vie ou de mort. Versailles lui offre un abri assuré, il peut y régner en maître ; il ne trouvera au contraire à Paris, que des difficultés sans cesse renaissantes, et des écueils où il viendra inévitablement se briser.

Nous ne parlerons pas, pour le moment, des autres questions qui font partie du programme que les radicaux appellent leur *minimum,* cela nous conduirait trop loin.

Le maréchal restera ferme et inébranlable au poste d'honneur qu'il occupe, nous en avons la conviction ; s'il en devait être autrement, une débâcle épouvantable serait la suite de son départ. Dans ce dernier cas, sans avoir besoin du trépied et des autres accessoires de la Sibylle, nous allons déchirer les voiles mystérieux qui nous cachent l'avenir et vous indiquer, sans crainte de nous tromper, les événements futurs, sous la forme d'un drame en cinq actes et cinq tableaux.

Premier Acte.

Le Maréchal donne sa démission. — M. Thiers reprend le pouvoir à l'âge de 80 ans. Les fonds baissent, mais les gauches réunies félicitent le Président et se félicitent elles-mêmes. — Seuls, les conservateurs, instruits par l'expérience, sont loin d'être satisfaits, et font ombre au tableau. — Comme il faut toujours des victimes pour satisfaire ce bon peuple souverain, on immole sur l'autel de la patrie, tous les préfets et sous-préfets convaincus de n'avoir pas des sentiments républicains à la hauteur des circonstances. — Ils sont remplacés par des *purs*. — L'amnistie des communards et la levée de l'état de siége sont accordées sans difficulté. — Les communards rentrent à Paris, les frères et amis vont au-devant d'eux. — Ivresse générale. — Les Parisiens, qui ont toujours su se distinguer par leur intelligence et leur courage politique, illuminent, et prouvent, une fois de plus, qu'ils ont le jugement sain et solide.

Deuxième Acte.

L'accord entre les gauches commence à n'être plus aussi parfait ; les radicaux veulent au moins leur *minimum*. — Le petit vieillard, qui n'a rien oublié ni rien appris, reprend naturellement sa politique ; elle fait pâmer d'aise nos bons bourgeois. Malheureusement les circonstances sont difficiles, le terrain commence à manquer sous les pieds. — Le centre gauche ne compte plus guère que 40 fidèles, les conservateurs se tiennent à l'écart, tous les républicains avancés ou radicaux se montrent de plus en plus rétifs ; il leur faut d'abord le retour du gouvernement à Paris. — M. Thiers, qui se rappelle l'avoir quitté d'une manière aussi rapide que peu agréable, se fait tirer l'oreille, il sent qu'il ne sera plus libre, et qu'il deviendra le prisonnier du parti avancé. Enfin, comme il faut, devant la volonté opiniâ-

tre de la majorité, ou céder, ou abandonner le pouvoir,
il se résigne encore à faire cette lourde faute. — Seconde
ivresse générale, seconde illumination. Selon les bourgeois naïfs et les Parisiens, c'est une preuve de force
que donne le Gouvernement. Seulement les boutiquiers
commencent à réfléchir, et s'assurent que leurs magasins
ferment bien ; les fonds baissent toujours, le commerce
va de plus en plus mal ; le mot de Commune se fait entendre souvent, de nombreux points noirs se montrent
à l'horizon.

Troisième Acte.

Les points noirs grossissent de plus en plus. — La
gauche radicale, qui forme la majorité, marche toujours
dans la voie libérale, et réclame à grands cris l'affranchissement des communes, l'impôt progressif, la séparation de l'Église et de l'État, l'indépendance du travail à
l'égard du capital, etc., etc., mesures aussi sages que ra-
tionnelles, et dont le besoin se fait sentir depuis longtemps. Cette fois, M. Thiers qui sent tout l'édifice social trembler sur ses bases, se rebiffe, refuse énergiquement d'aller jusque-là, et emploie tous les moyens que
lui donne la constitution pour résister. — Pendant ce
temps là, les communards sentant que le bon temps va
revenir, s'organisent, et les frères et amis font des pro-
sélytes parmi les soldats. — Le conseil municipal se
pose en assemblée politique et indépendante. A bout de
ressources, vaincu, dépopularisé, M. Thiers est forcé
d'abandonner le pouvoir. Le Dauphin ou M. Gambetta

lui succède. — Les radicaux se réjouissent, mais les Parisiens n'illuminent pas.

Quatrième Acte.

Sous l'administration sage et habile de M. Gambetta, toutes les mesures précédentes sont votées avec enthousiasme. Il y a toutefois des difficultés pour les mettre en pratique; les personnes lésées refusent énergiquement de les admettre. — Les impôts ne rentrent plus. — On essaie de la terreur. — Les rentes sur l'État ne sont pas payées. — M. Gambetta n'étant plus considéré comme assez énergique, est renversé et fait place à M. Naquet. — Dès lors, les radicaux ne se refusent plus rien, c'est une orgie complète. — Tous les députés conservateurs quittent Paris, la province refuse de suivre plus longtemps la capitale dans la voie libérale et progressive où elle s'est engagée. — Gâchis général.

Cinquième Acte.

Le progrès est arrivé à son apogée. — Les communards entrent en scène, ils établissent un gouvernement modèle; les Parisiens sont priés d'applaudir, ils le font de mauvaise grâce. — Pour les distraire et se distraire eux-mêmes, les frères et amis mettent le feu aux quatre coins de Paris, et plus heureux que l'empereur Néron, ils se donnent pour la deuxième fois, le plaisir de voir brûler une capitale. — La France affolée, éperdue, se

jette dans les bras d'un prétendant quelconque. — La
Commune est vaincue une seconde fois, ses enfants sont
tués ou envoyés dans la Nouvelle-Calédonie. — Ils es-
saient d'inculquer aux sauvages leurs idées sur la frater-
nité, et ceux-ci, pour leur prouver leur sympathie, les
mangent tous jusqu'au dernier.

Ce drame pourrait, à la rigueur, tourner au vaude-
ville et n'avoir qu'un seul acte, mais nous n'osons l'indiquer, tant il semble peu vraisemblable.

Bah ! essayons cependant.

Toutes les gauches réunies, radicaux compris, devien-
nent d'autant plus raisonnables que leur succès est plus
grand. Elles se serrent toutes autour du Maréchal et
soutiennent son gouvernement. Elles rejettent l'amnistie, le retour à Paris, et toutes les théories sociales que
l'on veut mettre en pratique, laissant sagement au
temps le soin de faire triompher ce qu'elles peuvent
renfermer de vraiment utile et rationnel. — La modération de la gauche lui gagne tous les conservateurs, et en
l'an de grâce 1880, la révision de la constitution étant
mise aux voix, la France entière acclame la République
avec enthousiasme. — Elle règne dès lors sans conteste.
— Les blés murissent, les prés verdissent, tout le monde
est content et marche sur des fleurs. Les nations éton-
nées, éblouies, adoptent cette forme de gouvernement
et la paix s'étend sur toute la surface de la terre.

Est-ce possible ? — Oui.

Est-ce probable ? — Non.

Aussi, nous terminerons en faisant cette prière. « Dieu
puissant, Dieu miséricordieux, faites descendre sur la
tête de la plupart de nos républicains, les langues de

feu de votre esprit saint, qu'ils soient éclairés et rendus meilleurs. Ils sont actuellement despotes, égoïstes, bavards, ignorants, ambitieux, sacrifiant leur patrie à leurs idées et à leurs intérêts : rendez-les libéraux, désintéressés, instruits, amis de leur pays et de leur devoir. Si ce miracle n'est pas possible, faites-les disparaître et semez de nouvelles graines. »

Telle est la prière que tous les bons républicains de France et de Navarre doivent adresser matin et soir à Dieu, qui tient dans ses mains les destinées des nations.

Châteauroux, 10 mars 1876.